GUÍA DE LECTURA

Escrita por Ivan Sculier
Traducida por Laura Soler Pinson

Robinson Crusoe

de Daniel Defoe

DANIEL DEFOE

AVENTURERO, COMERCIANTE, POLÍTICO, PERIODISTA Y ESCRITOR INGLÉS

- **Nacido en 1660 en Londres (Inglaterra)**
- **Fallecido en 1731 en la misma ciudad**
- **Algunas de sus obras:**
    - *Robinson Crusoe* (1719), novela
    - *Moll Flanders* (1722), novela
    - *Historia general de los robos y asesinatos de los más famosos piratas* (1724-1728), obra histórica

Nacido en Londres en 1660, Daniel Defoe no fue un escritor profesional en el sentido estricto de la palabra. Procedía de una familia de comerciantes protestantes de origen belga y estaba destinado a convertirse en pastor. Pero no fue así. Defoe ejerció múltiples actividades: fue comerciante, aventurero, político y periodista. Solo al final de su carrera se dedicó a la literatura, movido por necesidades económicas.

Daniel Defoe redactó diversos escritos de todos los géneros: panfletos, ensayos, discursos, artículos periodísticos y, finalmente, novelas. Sus obras más reconocidas son *Moll Flanders* (1722) y, por supuesto, *Robinson Crusoe* (1719).

Murió en Londres, por causas desconocidas, en abril de 1731. Sus obras han sido traducidas a muchos idiomas.

ROBINSON CRUSOE

LAS MÍTICAS AVENTURAS DE ROBINSON CRUSOE

- **Género:** novela
- **Edición de referencia:** Defoe, Daniel. 2011. *Robinson Crusoe*. Barcelona: Plutón ediciones
- **Primera edición:** 1719
- **Temáticas:** aventuras, viaje, isla desierta, soledad, supervivencia, religión

Publicada en 1719, *Robinson Crusoe* lleva, en origen, un título que constituye un resumen del contenido en sí mismo: *La vida e increíbles aventuras de Robinson Crusoe, de York, marinero, quien vivió veintiocho años en una isla deshabitada en las costas de América, cerca de la desembocadura del gran río Orinoco, habiendo sido arrastrado a la orilla tras un naufragio, en el cual todos los hombres murieron menos él. Con una explicación de cómo al final fue insólitamente liberado por piratas. Escrito por él mismo.*

El éxito de la obra es enorme y la influencia que ejerce sobre la literatura, decisiva. Se trata del segundo libro más editado durante dos siglos después de su publicación, solo superado por la Biblia. Además, esta obra está considerada como una de las primeras novelas en el sentido moderno de la palabra, y le da nombre a un género literario: la robinsonada.

RESUMEN

Robinson Crusoe nace en Nueva York en 1632 y es el hijo pequeño de una familia de la buena sociedad inglesa. Sin poder resistirse a sus impulsos aventureros, se despide de los suyos en contra de la voluntad de su familia y se hace a la mar. Durante el viaje, el barco se ve atrapado por una enorme tormenta. Robinson, traumatizado, se promete a sí mismo no volver a montar en una embarcación, pero la promesa le dura poco.

Y es que, poco después, se embarca en un segundo viaje. En este trayecto, el barco es abordado por piratas marroquíes, y Robinson es hecho esclavo. No consigue escapar hasta dos años después, llevándose con él a un joven moro, Xury. Durante mucho tiempo, ambos bordean las costas africanas. Tienen que defenderse de animales salvajes y, tras esto, son abastecidos por unas tribus locales pacíficas.

Un barco portugués los recoge y los lleva hasta Brasil. Robinson es tratado con la mayor consideración posible. A pesar de la fidelidad de Xury hacia Robinson, este último vende el chico a los mercaderes de esclavos portugueses.

Así, su huida lo lleva hasta Brasil. Allí se establece durante un tiempo y empieza a explotar una plantación de tabaco y a enriquecerse. Pero todavía tiene sed de aventuras, así que decide formar parte de una nueva expedición marítima para traer esclavos de África, lo que le permitirá incrementar la mano de obra barata. Leva el ancla en 1659.

Durante el viaje, el barco naufraga. Robinson logra alcanzar a nado la orilla de una isla desierta. Solamente él sobrevive a la catástrofe.

Gracias a una balsa improvisada, se afana durante varios días en ir hasta los restos del barco para recuperar diferentes objetos que más adelante serán vitales, como armas, herramientas y una Biblia.

Tras pasar las primeras noches en lo alto de un árbol por temor a los animales feroces, o parapetado en la playa, decide explorar la isla y asentarse en un lugar más cómodo. Finalmente, descubre una cueva habitable y se instala en ella después de hacer algunos cambios y construir alguna fortificación.

El lector asiste a los diferentes trabajos de Robinson. El náufrago hace de albañil, de cazador, de ganadero, de agricultor, de canastero, de carpintero, de alfarero, etc., según sus necesidades.

Un año después del naufragio, Robinson Crusoe ya ha alcanzado sus tres objetivos principales: saciar el hambre y la sed, y dormir en un lugar seguro.

Robinson no está completamente solo en la isla, puesto que comparte sus días con cuatro compañeros: un perro, dos gatos y un loro, Poll. Le enseña algunas palabras al loro, y estas serán las únicas que escuchará de otra boca que no sea la suya durante muchos años.

Tras llevar una existencia rutinaria durante un tiempo,

su vida se ve trastornada por dos acontecimientos: un terremoto y una fiebre alta. Su vida corre peligro en las dos situaciones, y le cuesta semanas recuperarse por completo de su enfermedad. Durante su convalecencia, la inactividad le hace sufrir de soledad.

Así es como comienza a interesarse por la Biblia, el único consuelo que tiene al alcance de la mano. A partir de ese momento, la obra de Defoe adquiere un tinte más moralizador. Saca muchas enseñanzas del texto sagrado.

En cuanto se recupera, Robinson Crusoe empieza a explorar su isla. Empieza a rodearla en canoa. Encalla y casi se lo lleva la corriente mar adentro. Cuando vuelve a tierra firme, renuncia al proyecto y decide contentarse con su existencia rutinaria en lo que él llama su castillo.

Los años pasan, monótonos.

Sin embargo, Robinson encuentra un día en la arena una huella que no puede ser la suya. En solo un segundo, su existencia se viene abajo por este acontecimiento tan impactante. Aun así, tardará todavía diez años en encontrar un humano.

Crusoe adivina que se trata de la huella de un salvaje y se asusta. Este miedo se convierte en odio cuando descubre los restos de una comida caníbal. Tras este hallazgo, decide mejorar su dispositivo de defensa para guardarse de un posible desembarco. Ya no sale de su castillo desarmado y no da un paso sin estar ojo avizor.

Robinson descubre después restos de un barco en los arrecifes de la isla. Llega hasta él y sube a bordo. Desgraciadamente, no descubre supervivientes, salvo un nuevo perro —el anterior ya ha fallecido. Saquea el barco, como ya había hecho con el suyo.

Una noche, Robinson sueña que salva a un indígena de las garras de sus congéneres caníbales. Al día siguiente, el sueño se hace realidad, y Robinson adopta a Viernes.

A partir de ese día, disfruta permanentemente de su nuevo pasatiempo: educar a su salvaje. Le prohíbe el canibalismo, le enseña inglés y le inicia en la religión católica.

Viernes revela a Robinson que entre los habitantes de su pueblo natal hay blancos. Estos hombres han llegado ahí tras un naufragio. Robinson decide construir una embarcación para alcanzar el continente.

Antes de partir, los indios vuelven con dos prisioneros, y Robinson y Viernes les ayudan. Uno de los prisioneros es español y el otro, el padre de Viernes.

Tras una breve estancia en la isla, Robinson los envía como embajadores al continente para que entablen las negociaciones con los otros españoles para zarpar hacia Europa.

Antes de que regresen, atraca un tercer barco, cargado de amotinados. Pisan tierra porque quieren abandonar a su antiguo capitán. Robinson ayuda al capitán a retomar el control sobre su tripulación, y Viernes y Robinson se disponen a partir con él. Los instigadores del motín, aún con vida, son abandonados allí.

Robinson deja la isla tras pasar en ella veintiocho años, dos meses y diecinueve días.

Cuando llega a Londres, no encuentra a nadie, por lo que se va a Lisboa. Allí, el capitán portugués que lo había llevado a Brasil lo reconoce y le habla de su próspera plantación, de la que Robinson vuelve a hacerse cargo.

A continuación, vuelve a Inglaterra por vía terrestre, mostrando sus dudas ante la idea de volver a hacerse a la mar. El viaje se vuelve peligroso por los lobos, pero cuando llega, se entera de que los dos barcos que transportaban sus cosas se han hundido.

ESTUDIO DE LOS PERSONAJES

ROBINSON CRUSOE

Robinson Crusoe se ha convertido en el prototipo del aventurero ideal, del náufrago que ha aprendido a valerse por sí solo en una isla desierta. Aparte de eso, hay que recalcar otros aspectos de este personaje:

- el hijo malo de la familia. El texto procede a la auto-denigración de un hijo que ha abandonado a su familia para irse a la aventura. Robinson no consigue asumir su decisión. Empieza por culparse, como lo habría hecho el hijo pródigo:

  > «Comencé entonces a pensar seriamente en lo que había hecho y en que estaba siendo justamente castigado por el Cielo por abandonar la casa de mi padre y mis obligaciones. De repente recordé todos los buenos consejos de mis padres, las lágrimas de mi padre y las súplicas de mi madre. Mi corazón, que aún no se había endurecido, me reprochaba por haber desobedecido a sus advertencias y haber olvidado mi deber hacia Dios y hacia mi padre».

Después, a medida que va evolucionando su manera de pensar y su devoción, Robinson se encomienda cada vez más a la Providencia para exculparse. No es su culpa, era su destino;

- el perfecto colonizador. Aunque está abandonado a su suerte en una de las regiones más remotas del mundo, Robinson se afana por recrear el sistema social inglés en la isla. Primero lo hace para engañarse a sí mismo: llama «castillo» a su cueva, «casa de campo» a su tienda de campaña, «súbditos» a sus animales domésticos, etc. Con los medios que tiene, busca reproducir las costumbres de la sociedad inglesa: beber un vaso de ron, fumar en pipa, etc., y conservar los valores, como por ejemplo el domingo o la cristiandad.

Por otra parte, debemos señalar otro de los aspectos, más revelador si cabe, de la figura de Robinson como colonizador: el hombre blanco. Este acapara todo lo que encuentra y se lo adueña, ya estemos hablando de fauna, de flora o, incluso, de autóctonos. Así, cuando la población de la isla alcanza los cuatro habitantes, Robinson dice: «Mi isla estaba ahora poblada y me consideré rico en súbditos. Me hacía gracia verme como si fuese un rey. En primer lugar, toda la tierra era de mi absoluta propiedad, de manera que tenía un derecho indiscutible al dominio. En segundo lugar, mis súbditos eran totalmente sumisos [...]» (Defoe 2011). No olvidemos que ya se había mostrado su propensión al esclavismo cuando vende Xury a un marinero portugués.

VIERNES

Capturado por una tribu enemiga, Viernes iba a ser sacrificado y devorado. Robinson le ayuda y le salva de su aciago destino. A partir de ese momento, Robinson considera que «esta criatura» le pertenece en cuerpo y alma. Robinson lo convierte a la vez en esclavo, en confidente y en alumno. Le enseña su propia cultura y sus propias creencias, tal y como lo hicieron los colonos en América o en África. En definitiva, la llegada de Viernes acentúa la dimensión colonialista de la obra.

Cuando Robinson y Viernes se van de la isla, abandonan allí a algunos amotinados, a náufragos españoles y al padre de Viernes para que estos perpetúen la colonia. Robinson vuelve años después y descubre que la población ha aumentado durante su ausencia.

Es el filósofo y escritor suizo Jean-Jacques Rousseau (1712-1778) el que, sin lugar a dudas, se adueña en primer lugar de la figura de Viernes y la emplea como punto de partida para su reflexión en *Emilio o de la educación* (1762). Viernes se convierte así en el prototipo del buen salvaje.

El mito del buen salvaje es un concepto anterior a la aparición de Viernes, y debe relacionarse con el de la edad de oro, una época ideal, pasada, en la que el hombre vivía en perfecta armonía con la naturaleza. Todavía no estaba corrompido por todo lo que la sociedad le ha aportado negativamente, como el derecho a la propiedad. Se nos presenta al buen salvaje como el ser más ignorante, más inocente y más feliz. La publicación y el éxito de *Robinson Crusoe* contribuyeron en gran manera a la popularización del mito del buen salvaje.

Así, Rousseau eleva a Viernes a la categoría de buen salvaje ejemplar. Se apoya en él para denunciar los estragos de la civilización en el hombre. De ahí se deriva un discurso sobre la educación: Viernes se convierte en un ejemplo para un chico de doce años. Su inocencia y su ignorancia son como una tierra virgen en la que todo está por construir.

CLAVES DE LECTURA

GÉNESIS Y AUTENTICIDAD

Cuando Daniel Defoe empieza a escribir *Robinson Crusoe*, las novelas de viaje, de aventuras y las historias de piratas estaban muy en boga. Tenía la esperanza de explotar el filón literario más lucrativo. Por lo tanto, la obra de Defoe no es realmente original, y aún menos, innovadora.

Podemos citar como influencia principal la historia de Alexander Selkirk (marinero escocés, 1676-1721), *The Cruising Voyage Round the World* (1712), escrita por Woodes Rogers (capitán del barco que recoge a Alexander Selkirk). Los parecidos entre las dos obras son muy numerosos, hasta el punto de que, para que no le acusaran de plagio, Defoe consideró prudente situar las aventuras de Robinson en otra parte del mundo y medio siglo antes que las de Selkirk.

Antes, la novela no tenía el estatus privilegiado del que disfruta ahora; estaba mucho menos legitimada. No se juzgaba una obra por su belleza, sino por su autenticidad.

Robinson Crusoe es ficción, pero como Daniel Defoe escribía para ganar todo el dinero posible, se enfrentó a un dilema:

- podía confesar que su héroe era fruto de su imaginación y renunciar al éxito;
- podía pretender que se inspiraba en un hecho real, pero se exponía a que se descubriera la farsa y se cubriera de vergüenza. Esta fue la decisión que tomó. Así, cuando

miramos más de cerca el título completo, el texto se presenta como si Robinson lo hubiera redactado, como si se tratara de un diario o de una autobiografía.

Más tarde, muchos lectores vieron en las aventuras de Robinson Crusoe una autobiografía oculta de la vida de su verdadero autor, Daniel Defoe. Esta teoría gustó al escritor porque, de esta manera, si se descubría su engaño, tenía una escapatoria: Robinson Crusoe es un libro auténtico porque nos desvela la vida del escritor; se trata de una autobiografía encubierta.

Pero, ¿es creíble esta teoría?

ROBINSON CRUSOE, ¿UNA NOVELA AUTOBIOGRÁFICA?

Existen diferentes teorías que parten de esta hipótesis.

La autobiografía alegórica

Esta teoría se basa en la siguiente observación: muchos elementos de la vida de Daniel Defoe podrían ajustarse de manera simbólica a las peripecias y a los sucesos del relato. Por ejemplo:

- Daniel Defoe hizo un viaje de veintisiete años a Europa;
- la casa de campo de Robinson representaría la cárcel de Newgate, donde Defoe estuvo preso por haber escrito un panfleto contra la Iglesia anglicana;
- Viernes sería un negro —en el sentido literario de la palabra— explotado por Defoe.

Sin embargo, esta teoría presenta fisuras. Pueden descubrirse sin dificultad numerosas contradicciones, sobre todo desde un punto de vista cronológico.

Robinson Crusoe, portavoz de Defoe

Defoe ha infundido a su héroe su propia personalidad, su carácter, su mentalidad. El personaje expresa las preocupaciones y las reflexiones del autor desde un punto de vista moral, religioso o político. Esto se nota a través del estilo y de numerosos elementos del relato:

- Defoe había contemplado ser pastor; Crusoe preconiza la importancia de la Biblia e insiste en su odio hacia el paganismo;
- Defoe ha iniciado una carrera como comerciante; Crusoe se explaya hablando de enumeraciones y estadísticas, especula tremendamente y realiza muchos intercambios;
- Defoe ha estado en política; Crusoe difunde un llamamiento a la tolerancia, promueve el patriotismo y defiende su gusto por la libertad dentro del orden, de la jerarquía y de la organización metódica;
- Defoe era periodista; Crusoe destaca la importancia de los detalles, toma notas y lleva un diario. El estilo del libro es el de un reportaje.

LA PRIMERA NOVELA

Como ya hemos señalado más arriba, el concepto de novela en el siglo XVIII no era el mismo que hoy en día, ya fuera una obra literaria seria y auténtica, o una novela, es decir, una ficción voluntariamente alejada de la realidad. Así, en el siglo XVII, la novela pastoril causaba furor, sobre todo gracias a la pluma de Honoré d'Urfé (escritor francés, 1567-1625), autor de *La astrea*.

Daniel Defoe se coloca en una situación compleja, puesto que redacta una ficción y a la vez le da la espalda a la norma: escribe su ficción de la manera más creíble posible. No se nos presenta la vida de Robinson por lo que tiene de extraordinario, sino por todo lo que tiene en común con las preocupaciones cotidianas de cualquier ser humano. Esto favorece la simpatía del lector hacia el personaje.

Hoy en día, *Robinson Crusoe* está considerada la primera novela en el sentido moderno de la palabra por tres razones:

- el realismo de las descripciones;
- la identificación entre el personaje y el autor;
- la identificación entre el lector y el personaje.

LA DIMENSIÓN MÍSTICA DE LA OBRA

Muchos elementos de la obra hacen referencia, directa o indirectamente, a la religión católica. Así, cuando Robinson se ve envuelto en esa primera tormenta, se compara con el hijo pródigo. Más tarde, ya en la isla, tras la fiebre y el terremoto, Robinson, en plena desesperación, encuentra refugio y valor en la fe. A partir de ese momento, se entrega a la Biblia y elabora muchos discursos sobre este tema. Obviamente, se trata de las ideas de Defoe expresadas a través de su héroe. Luego, Robinson sueña que salva a un indígena y el sueño se hace realidad al día siguiente. Esto puede compararse con los profetas del Nuevo Testamento.

Por otra parte, Robinson interpreta distintas señales que anunciarían la presencia del Diablo o la protección de la Providencia.

La Providencia cumple la función de ángel de la guarda para nuestro aventurero. Podemos encontrar distintos ejemplos en el relato:

- cuando efectúa su primer viaje, la tormenta era un aviso: Robinson debía renunciar a su vida de aventurero. Como ha ignorado el mensaje divino, se le ha castigado convirtiéndolo en esclavo;
- encalla en la isla el mismo día en el que se ha ido del hogar, fecha fatídica;
- el trigo crece milagrosamente y es la Providencia quien le sugiere que no siembre toda la cosecha, porque lo perdería todo;
- cuando regresa, no toma el barco desde Portugal a Inglaterra.

Por su parte, el Diablo parece manifestarse en tres ocasiones:

- cuando Robinson encuentra una cueva y ve al fondo dos ojos brillantes. En realidad, eran de un macho cabrío moribundo. No olvidemos que el macho cabrío es el animal que se utiliza para simbolizar a la Bestia;
- cuando encuentra una huella, primero piensa que es el Diablo, pero al final decide que el Demonio es demasiado sutil como para dejar una pista tan burda;
- atribuye el canibalismo de los indígenas al Diablo.

Esta presencia latente del Maligno empuja a Robinson a

aumentar su confianza en Dios. Se apoya cada vez más en la Providencia y, en caso de duda, se abstiene de tomar decisiones sin una señal del destino. Cuando siente que pierde la confianza, le basta con abrir la Biblia al azar para encontrar un remedio a todos sus males.

PISTAS PARA LA REFLEXIÓN

ALGUNAS PREGUNTAS PARA PROFUNDIZAR EN SU REFLEXIÓN...

- Explique por qué Robinson Crusoe es un perfecto colonizador.
- ¿Por qué cree que Rousseau empleó la figura de Viernes como punto de partida para su reflexión sobre la educación en su tratado *Emilio o de la educación*?
- Robinson y Viernes se han convertido en dos figuras míticas. Explique el mito que encarna cada uno de estos personajes.
- ¿Qué mecanismos utiliza el autor para que el lector pueda identificarse con el personaje de Robinson?
- ¿Cuál es el papel que desempeña la religión en la vida de Robinson?
- ¿Evolucionan los sentimientos de Robinson durante su estancia en la isla? Explíquelo.
- ¿Cree que cuando Robinson vuelve a su casa, tras veintiocho años en la isla, puede llevar la misma vida que tenía antes del naufragio? Argumente su respuesta.
- Compare esta obra con una de sus adaptaciones literarias más famosas, *Viernes o los limbos del Pacífico*, de Michel Tournier (escritor francés, 1924-2016). ¿Cuáles son los parecidos y las diferencias entre estas dos novelas?
- ¿Cuál cree que ha sido la clave del éxito monumental de las aventuras de Robinson en la isla (tanto la novela de Defoe como las adaptaciones que se han hecho en todos los géneros)? ¿Qué ha seducido al público?

PARA IR MÁS ALLÁ

EDICIÓN DE REFERENCIA

- Defoe, Daniel. 2011. *Robinson Crusoe*. Barcelona: Plutón ediciones.

ESTUDIO DE REFERENCIA

- Dottin, Paul. 1924. *Daniel Defoe et ses romans*, 3 vol. París: Presses universitaires de France.

ADAPTACIONES

- Campe, Joachim Heinrich. 1789. *El nuevo Robinsón*. Traducido por Tomás de Iriarte. Madrid.
- Gaulthier, Christophe. 2007. Cómic *Robinson Crusoé*, 2 tomos. París: Delcourt, colección *Ex-Libris*.
- *Robinson Crusoe*. Dirigida por Luis Buñuel, con Dan O'Herlihy y Jaime Fernández. España, 1953.
- *Robinson Crusoe*. Dirigida por Thierry Chabert, con Pierre Richard y Nicolas Cazalé. Francia, Reino Unido, Canadá, 2004.
- *Robinson Crusoe*. Ópera de Jacques Offenbach, libreto de Eugène Cormon y de Hector Crémieux. Francia, 1867.
- Tournier, Michel. 1992. *Viernes o los limbos del Pacífico*. Traducido por Lourdes Ortiz. Madrid: Alfaguara.
- Wyss, Johann Rudolf. 2015. *La familia del Robinson suizo*. Traducido por Ángel Cabrera. Barcelona: Random House.